MIX
Papier aus verantwortungsvollen Quellen
Paper from responsible sources
FSC® C105338

Martin Hesse

Das unternehmerische Selbst und sein prekäres Gegenstück

Eine gouvernementale Analyse der Hartz-Reform

Bachelor + Master Publishing

Hesse, Martin: Das unternehmerische Selbst und sein prekäres Gegenstück: Eine
gouvernementale Analyse der Hartz-Reform, Hamburg, Bachelor + Master Publishing
2013
Originaltitel der Abschlussarbeit: Gouvernementalität der Gegenwart und neoliberale
Subjektivierungsform dargestellt am Beispiel der Hartz-Reform

Buch-ISBN: 978-3-95549-308-0
PDF-eBook-ISBN: 978-3-95549-808-5
Druck/Herstellung: Bachelor + Master Publishing, Hamburg, 2013
Zugl. Universität Erfurt, Erfurt, Deutschland, Bachelorarbeit, März 2011

Bibliografische Information der Deutschen Nationalbibliothek:
Die Deutsche Nationalbibliothek verzeichnet diese Publikation in der Deutschen
Nationalbibliografie; detaillierte bibliografische Daten sind im Internet über
http://dnb.d-nb.de abrufbar.

Das Werk einschließlich aller seiner Teile ist urheberrechtlich geschützt. Jede Verwertung
außerhalb der Grenzen des Urheberrechtsgesetzes ist ohne Zustimmung des Verlages
unzulässig und strafbar. Dies gilt insbesondere für Vervielfältigungen, Übersetzungen,
Mikroverfilmungen und die Einspeicherung und Bearbeitung in elektronischen Systemen.

Die Wiedergabe von Gebrauchsnamen, Handelsnamen, Warenbezeichnungen usw. in
diesem Werk berechtigt auch ohne besondere Kennzeichnung nicht zu der Annahme,
dass solche Namen im Sinne der Warenzeichen- und Markenschutz-Gesetzgebung als frei
zu betrachten wären und daher von jedermann benutzt werden dürften.

Die Informationen in diesem Werk wurden mit Sorgfalt erarbeitet. Dennoch können
Fehler nicht vollständig ausgeschlossen werden und die Diplomica Verlag GmbH, die
Autoren oder Übersetzer übernehmen keine juristische Verantwortung oder irgendeine
Haftung für evtl. verbliebene fehlerhafte Angaben und deren Folgen.

Alle Rechte vorbehalten

© Bachelor + Master Publishing, Imprint der Diplomica Verlag GmbH
Hermannstal 119k, 22119 Hamburg
http://www.diplomica-verlag.de, Hamburg 2013
Printed in Germany

INHALTSVERZEICHNIS

1	**Einleitung**	1
2	**Das Konzept der Gouvernementalität**	2
3	**(Neoliberale) Gouvernementalität der Gegenwart**	5
	3.1 Geschichte der Gouvernementalität	5
	3.2 (Neoliberale) Gouvernementalität der Gegenwart	7
	3.2.1 Das Freiheitsdispositiv innerhalb neoliberaler Regierungsrationalität	8
	3.2.2 Neoliberale Subjektivierungsform (Das Unternehmerische Selbst)	11
4	**Anwendungsteil: Neoliberale Subjektivierungsform am Beispiel von Hartz IV und Ihre Auswirkungen**	13
	4.1 Neoliberale Subjektivierung am Beispiel der Hartz¬Reformen	14
	4.1.1 Die Hartz Kommission (Macht¬Wissen¬Komplex)	15
	4.1.2 Das Jobcenter als Dienstleistung (Machtbeziehungen und Herrschaftszustände)	16
	4.1.3 Kooperation unter Zwang (Herrschaftstechniken und Techniken des Selbst)	19
	4.2 Hegemoniale Subjektivierungsform und ihre Konsequenzen	21
	4.2.1 Gegenpart des Unternehmerischen Selbst	21
	4.2.2 Utopie der Konsequenzen	24
5	**Schluss**	26
6	**Anmerkungen**	28
	6.1 Staat und seine Institutionen – Unterscheidung von Machtbeziehungen und Herrschaftszuständen	28
	6.2 Macht¬Wissen¬Komplex	30
	6.3 Regierungstechniken und Techniken des Selbst	31
7	**Literaturverzeichnis**	34
8	**Danksagung und Kommentar**	36

1 Einleitung

„Obwohl wir zweifellos weder am Anfang eines neuen Zeitalters stehen noch am Ende eines alten, beginnen wir vielleicht das Zerbrechen dieses einst sicheren Raumes des Inneren zu erkennen, das Zertrennen einiger der Linien, die dieses Diagramm zusammengeschnürt haben, die Möglichkeit, dass wir, wenn wir schon die Existenzweisen, die für uns erfunden wurden, nicht aus der Welt schaffen können, zumindest ihre Selbstverständlichkeit erschüttern und anfangen können, uns in unterschiedlicher Weise selbst zu erfinden." (Rose 1996, S.197)

Das Zitat spiegelt meine persönliche Motivation für das Verfassen dieser Arbeit wider. Ich wollte verstehen, was Michel Foucault dazu bewegte, das Subjekt und seine Bildung zur einzigen Konstante seiner langjährigen und vielschichtigen Arbeiten zu machen. Ich wollte verstehen, was er meint, wenn er uns sinngemäß dazu drängt, uns nicht auf diese oder jene Weise subjektivieren zu lassen. Ich wollte Foucaults Idee von Freiheit verstehen und habe deshalb eine Gruppe von Menschen als Interesse dieser Arbeit gewählt, deren Freiheit prekär erscheint. Gemeint sind EmpfängerInnen von Arbeitslosengeld II bzw. von Hartz IV. Die gouvernementale Perspektive soll dabei zur Analyse eines neoliberalen Zeitgeistes dienen, in den sowohl der bedürftige Arbeitslose als auch ein Unternehmer eingebunden sind. In der speziellen Subjektivierungsweise des Unternehmers werden Parallelen zum Arbeitslosen aufgedeckt und in der speziellen prekären Freiheit des Erwerbslosen Parallelen zu unser aller Freiheit.

2 DAS KONZEPT DER GOUVERNEMENTALITÄT

Das Konzept der *Gouvernementalität* präsentierte Michel Foucault[1] 1978 und 1979 am Collège de France im Rahmen einer Vorlesungsreihe über die „Genealogie des modernen Staates" (Vorl. v. 5.4.1978). Im Begriff *Gouvernementalität* fließen vorangegangene Forschungen des französischen Philosophen zusammen, wie beispielsweise die Genealogie von „Macht-Wissen-Komplexen"[2], die Souveränitätsmacht, die Disziplinarmacht, die Biomacht, Subjektivierungen und Technologien des Selbst (vgl. Saar 2007, S.24f.).

Mit dem Konzept der Gouvernementalität gelingt Foucault eine weiterentwickelte Form Machtbeziehungen zu verstehen. Seine bisherigen Analysen zur „Mikrophysik der Macht" zielten vor allem auf singuläre Herrschaftsmethoden, die der Philosoph anhand der Disziplinarmacht und der Souveränität des Staates festmachte. Im Konzept der Gouvernementalität wird eine komplexere Vorstellung von Herrschaftstechniken und den damit hergestellten Machtbeziehungen entwickelt. Ziel ist eine neue Auffassung von Regierung, die sich von Kategorien des Rechts oder des Krieges, wie noch in der *Mikrophysik der Macht* gleichzeitig abhebt.[3] Die Führungstechniken der Regierung sollen Aufschluss geben über die Machtbeziehungen zwischen angeblichen Führern und Geführten (vgl. Lemke 2000, S.7f.).

Der Regierungsbegriff[4], der Foucaults Analyse unterlegt ist, unterscheidet sich von „Regierung in ihrer politischen Form" (Foucault 1987, S.42). Regierung im Foucaultschen Sinne[5] ist weder mit staatlichen Institutionen verbunden noch in

---

[1] Michel Focault (1926-1984) war Professor des Lehrstuhls für die Geschichte der Denksysteme am Collège de France in Paris von 1970 bis zu seinem Tod 1986 (vgl. Foucault 2010, S.2).

[2] Die wechselseitige Beziehung zwischen Wissen und der Macht schließt eine von politischen Interessen unabhängige wissenschaftliche Erkenntnis bzw. Wahrheit aus. Wissen und seine Institutionalisierung legitimieren Herrschaftsbeziehungen oder können sie aufbrechen. Die Institutionalisierung von Wissen ist in den Diskursen verankert, in denen Machtdispositionen ausgehandelt werden können (vgl. Saar 2007, S.26ff.).

[3] siehe Anmerkungen 6.1

[4] Gouvernementalität und Regierung im hier aufgeführten Sinne werden in der Folge der Arbeit als Synonyme behandelt.

[5] Der Regierungsbegriff von Foucault geht zurück auf Vorstellungen von Regierung, die bis zum Ende des Mittelalters galten.

irgendeiner Weise auf das politische System begrenzt, sondern bezieht „sich auf die unterschiedlichsten Formen der Führung von Menschen. Jenseits einer exklusiven politischen Bedeutung verweist Regierung also auf zahlreiche und unterschiedliche Handlungsformen und Praxisfelder, die in vielfältiger Weise auf die Lenkung, Kontrolle, Leitung von Individuen und Kollektiven zielen und gleichermaßen Formen der Selbstführung wie Techniken der Fremdführung umfassen" (Lemke 2000, S.10).

Die Innovation der *Gouvernementalität* schöpft der Begriff aus seiner „Scharnierfunktion" (Lemke 2000, S.8), indem er erstens Regierung als Bindeglied zwischen strategischen Machtbeziehungen und Herrschaftszuständen konzipiert und damit im Gegensatz zu früheren Arbeiten zwischen Herrschaft und Macht differenziert, sowie zweitens Regierung zwischen Macht und Subjektivität vermittelt. Auf diese Weise wird es möglich zu untersuchen, wie Regierungstechniken sich mit *Techniken des Selbst* verknüpfen. Drittens bietet er ein wichtiges Analyse-Instrument zur Untersuchung der von Foucault immer wieder herausgestellten *Macht-Wissen-Komplexe* (vgl. ebd., S.9f.)

Der Begriff *Gouvernementalität* entstammt einer Zusammensetzung von Regieren (gouverner) und Denkweise (mentalité). Die beiden Komponenten weisen bereits auf komplexe Wechselwirkungen hin, welche bei einer Analyse einzubeziehen sind (vgl. Lemke 2000, S.8ff.).

Gouvernementalität vollzieht die Entstehung des modernen Staates nach, ohne einem naturalistischen Staatsbegriff[6] angehaftet zu bleiben. Der Staat ist demnach die Form seiner Gouvernementalität. Um die Komplexität des Begriffs zu reduzieren, hilft es ihn mit Hilfe von drei Dimensionen zu verdeutlichen (vgl. Foucault 2010, S.149).

---

[6] Das Konzept der Gouvernementalität denaturalisiert den Staat und löst ihn in Prozesse des Staatswerdens auf. Gouvernementalität als historische Betrachtung von Regierungspraktiken hat die Analysekraft Rationalitäten dieser Regierungspraktiken aufzudecken und die Bindung, die diese seit Beginn der Moderne mit dem Staatskonstrukt eingehen, nachzuvollziehen (vgl. Foucault 2000, S.68ff). Staat kann somit nicht als der Gesellschaft entgegenstehendes Gefüge angesehen werden, sondern ist im Gegenteil „nicht viel mehr als eine Kristallisation von Kräfteverhältnissen und ist weder reines Instrument (in den Händen irgendeiner sozialen Gruppe) noch ein vollständig verselbstständigter bürokratischer Apparat" (Saar 2007, S.33).

1. Staat und seine Institutionen – Unterscheidung von Machtbeziehungen und Herrschaftszuständen
2. Regierungstechniken und „Techniken des Selbst"
3. Regierungstechniken und „Macht-Wissen-Komplexe"
   (vgl. Saar 2007, S.25)

Die drei Dimensionen beziehen sich wechselseitig aufeinander und sind deshalb schwer voneinander zu trennen. Foucaults Gouvernementalitätsanalysen lassen sich nur sehr schwer an Begriffen festmachen, die man in Form von analytischen Werkzeugen gebrauchen könnte. Deshalb hat die Gouvernementalitätsanalyse wenig empirischen Wert, dies wird sich bedauerlicherweise auch im Fortgang dieser Arbeit widerspiegeln.

Foucaults Herangehensweise ist keine genuin wissenschaftliche, ganz im Gegenteil war er mit seinen archäologischen Untersuchungen in *Die Archäologie des Wissens* darum bemüht objekive Wissensformen zu hinterfragen und letztendlich die Idee der Wahrheit selbst, als ein von Macht durchdrungenes sich ständig wandelndes Konzept, aufzulösen (vgl. Foucault 2008, S.1663). Der Verfasser der Arbeit hält aber an dem heuristischen und zu politischen Engagement bewegenden Wert von Foucaults Herangehensweise fest. Die drei Dimensionen werden im Fortgang nicht genauer erklärt, jedoch wird in der Arbeit Bezug auf sie genommen. Sollte es zu Verständnisschwierigkeiten aufgrund der fehlenden Erläuterung dieser Begriffe kommen, sind im Teil Anmerkungen (6) Erklärungen zu finden.

3 (NEOLIBERALE) GOUVERNEMENTALITÄT DER GEGENWART

Die drei Dimensionen sollen bei der Betrachtung der neoliberalen Regierungspraxis nicht streng voneinander getrennt werden. Es soll lediglich ein Einblick in die aktuelle Form der Regierung im gouvernementalen Sinne gegeben werden, indem ein kleiner Abriss über eine Geschichte der Gouvernementalität dargestellt wird. Denn um die Gouvernementalität der Gegenwart zu verstehen, bedarf es zunächst eines kleinen Blickes in die „Geschichte", wie sie Foucault betreibt.

3.1 Geschichte der Gouvernementalität

Foucaults Staatsverständnis ist im Unterschied zu einem starren förmlich existenten Apparat eher als eine „verwickelte Kombination von Individualisierungstechniken und Totalisierungsverfahren" (Foucault 1987, S.248) zu denken. Der Begriff Regierung geht dabei weit über die politische Dimension hinaus und umfasst „zahlreiche und unterschiedliche Handlungsformen und Praxisfelder, die in vielfältiger Weise auf die Lenkung, Kontrolle, Leitung von Individuen und Kollektiven zielen und gleichermaßen Formen der Selbstführung wie Techniken der Fremdführung" (Lemke 2000, S. 10). Foucault begreift den modernen westlichen Staat als „Ergebnis einer komplexen Verbindung ‚politischer' und ‚pastoraler' Machttechniken" (ebd.).

In der griechischen und römischen Antike waren Regierungspraktiken zumeist auf das Territorium und seine Nutzbarmachung beschränkt, währenddessen mit dem Christentum die Komponente der Regierung der Seelen hinzukommt. Die Beichte und die damit einhergehenden Geständnispraktiken werden die Besonderheit des christlichen Pastorats (vgl. ebd., S.11). Sie sollen „die Kenntnis der ‚inneren Wahrheit' der Individuen und ihre Formierung zu (Begehrens-)Subjekten sicherstellen" (ebd.) Diese Führungstechniken werden im Laufe des 16./17. Jahrhunderts eine Ausweitung im Zuge der Säkularisierung erfahren, indem sie zum Teil eines Dispositivs von Regierungsrationalität werden, das längst nicht mehr auf die eine göttliche Instanz rekurriert (vgl. Foucault, S.96-104).

Die politische Vernunft wird zum Zweck an sich, in ihr sind Versprechen an Wohlstand und Glück vereint, für deren Fortentwicklung der Staat Sorge zu tragen hat. Diese erste Phase von Regierungspraktik bezeichnet Foucault als die der Staatsräson (vgl. Lemke 2000, S.11f.). Mit den Analysen zur Gouvernementalität, de facto die Analyse des modernen Staates, wird folglich seit Beginn der Neuzeit eine Ausweitung der Regierungskünste beobachtet. Im Zentrum steht nicht mehr bloß der Fürst oder das Problem der Souveränität, im Gegenteil handelt es sich um eine Art „Komplex, gebildet aus den Menschen und den Dingen" (Foucault 1987, S.51). Dieser neue Form des Regierungskomplex beinhaltet außerdem die Beziehung der Menschen zu ihren Bräuchen, Denkweisen, ihre Eigenheiten, dem Klima und auch die Menschen samt ihrer potenziellen Anfälligkeit für Hungersnöte, Unfälle, Epidemien und Tod (vgl. ebd.). Die ganze Palette von Regierung über „seelische[...] Konflikte[...] bis hin zu militärischen Manövern, von der Führung der Familie bis hin zu Fragen des Reichtums" (ebd.).

Diese Art der Regierungsrationalität bestimmt über das „richtige Verfügen über die Dinge, derer man sich annimmt, um sie dem angemessenen Zweck zuzuführen". (Lemke 2000, S.13). Regierung ist in diesem Sinne „die Kunst die Macht in der Form und nach dem Vorbild der Ökonomie auszuüben" (ebd.). Die Leitprämisse „die richtige Anordnung der Dinge zu einem vorteilhaften Ziel" (ebd.) wird Ausgangspunkt für die Entstehung der Politischen Ökonomie. Diese wird wiederum zum Kontrahenten der Staatsräson, indem sie Freiheiten gegenüber dem „Staat" einfordert. Die liberale Theorie richtet sich somit gegen die Regierungsrationalität der Staatsräson. (vgl. ebd. S.13f.).

Die Geschichte der Gouvernementalität soll nur aus dem Grund beleuchtet werden, weil in ihr das Verhältnis zwischen Politik bzw. „Staat" und Freiheit bzw. „Markt", das schon seit mehr als 300 Jahren immer wieder neu ausgehandelt werden musste, verständlich gemacht wird (Foucault 2010, S.132f.).

Wenn mit dem Liberalismus das beginnt, das oft als die Emanzipation des Bürgers durch die Wahrnehmung seiner Freiheitsrechte bezeichnet wird, dann geht es auf der Seite des „Staates" um die Beschränkung seines Regierungshandelns. Freiheit markiert in diesem Sinne nicht nur die Grenze des Regierungshandelns, weit darüber hinaus organisiert der Liberalismus (vgl. Lemke 2000, S.14) „vielmehr die Bedingungen, unter denen die Individuen frei sein können, er ‚fabriziert' oder ‚produziert' die Freiheit" (ebd). Mit der liberalen Reflexion entsteht ein problematisches Verhältnis zwischen „Freiheit und ihrer permanenten Gefährdung" (ebd.).

„Die liberale Regierungskunst setzt eine Freiheit ein, die fragil und unablässig bedroht ist und damit zur Grundlage immer neuer Interventionen wird [...]. Das Problem des Liberalismus besteht darin die „Produktionskosten" der Freiheit zu bestimmen." (ebd.)

Jedem ist es erlaubt seinen individuellen Interessen nachzugehen, es sei denn es besteht durch diese Interessen eine Gefahr für das Allgemeinwohl. Deshalb bedarf die liberale Konzeption „Mechanismen der Sicherheit" (ebd.). Nur mit ihnen kann letztendlich der Markt, die auf ihm angebotenen Waren und die für ihn nötige Bevölkerung für einen Liberalismus fähig gemacht werden (vgl. ebd.)

Im Neoliberalismus, sowohl amerikanischer als auch deutscher Prägung, wie er sich unmittelbar nach dem Zweiten Weltkrieg verbreitete, wird das Funktionieren des Marktes zum allumfassenden Prinzip, vor allem das des Staates. „Der Neoliberalismus ersetzt ein begrenzendes und äußerliches durch ein regulatorisches und inneres Prinzip: Es ist die Form des Marktes, die als Organisationsprinzip des Staates der Gesellschaft dient." (vgl. Lemke 2000, S.15).

3.2 (Neoliberale) Gouvernementalität der Gegenwart

In der neoliberalen Regierungspraxis wird die Organisation des Marktes auf die des Staates übertragen. Der „Staat" tritt nicht mehr als „unsichtbare Hand" (Adam Smith) im Hintergrund auf, sondern wird deckungsgleich mit seinem zu kontrollierenden und zu überwachenden Gegenstand, dem Markt. Folglich hat sich auch die Politik am ökonomischen Erfolg zu messen. Ein weiterer Unterschied besteht darin, dass aus den klassischen Tauschpartnern, wie in der Ökonomie Adam Smiths beispielsweise, Unternehmer mit rationalem Eigeninteresse werden; und die natürliche Freiheit des klassischen Markts wird zu einer „künstlich arrangierten Freiheit" (Lemke 2000, S.15). Wir alle verhielten uns wie Unternehmer am Markt, soweit die These, für Ulrich Bröckling wird in Anschluss an Foucault daraus das „Unternehmerische Selbst", das als die aktuell dominanteste Form von Subjektivierung gehandelt wird.

Für die Marktfreiheit und die Förderung der Eigeninitiative aller Unternehmer braucht es ein geringes Maß an Interventionen seitens des „Staates".

Lassen wir die Unterschiede des Neoliberalismus amerikanischer oder deutscher Prägung außen vor, werden von Foucault folgende Thesen, die für eine gegenwärtige Regierungsrationalität (Gouvernementalität) von Belang sind, aufgestellt.

Erstens erfolgt eine Generalisierung der ökonomischen Form. Alle Prozesse in einer Gesellschaft werden stets durch ein ökonomisches Raster sichtbar, indem das Politische und Soziale davon überlagert werden (vgl. Lemke 2000, S.16). Zweitens werden Wettbewerb und rationales Handeln zum Leitgedanken, der sich unmittelbar in die menschlichen Beziehungen einschreibt.

Durch den Wandel von der fordistischen zur postfordistischen Arbeitsweise kommt es zur Umgestaltung eines keynesianisch geprägten Wohlfahrtstaates hin zu einem „neoliberalen Wettbewerbsstaat" (Hirsch 1995). Im neoliberalen Modell werden Marktprinzipien zur Logik gesellschaftlichen Zusammenlebens und zur Leitmaxime staatlicher Regulierungsmaßnahmen. Im Zuge einer Verwischung der Grenzen zwischen Öffentlichem und Privatem erhöht sich der Druck der Selbstoptimierung der am Markt teilnehmenden Individuen (vgl. Stövesand 2007, S.281).

„Die stattfindenden Transformationen gehen damit einher, dass die Gesellschaft nicht mehr als eine Quelle von Bedürfnissen Einzelner betrachtet wird, die in ein soziales Ganzes zu integrieren und kollektiv zu tragen sind, sondern als Ressource, als Quelle von Energien, welche in der Ausübung der Freiheit und Selbstverantwortlichkeit durch die Individuen enthalten sind." (Stövesand 2007, S.281)

Mit Ende des Zweiten Weltkriegs, als sich die wohlfahrtsstaatliche Organisation der Wirtschaft in Anlehnung an die Theorie John Meynard Keynes ausgestaltete, entstand eine Krise, die der Neoliberalismus zu überwinden suchte. In der Entstehung eines neuen Freiheitsdispositivs[7] liegt wohl die deutlichste Antwort auf diese Krise (vgl. Foucault 2010, S.164f.).

3.2.1 Das Freiheitsdispositiv innerhalb neoliberaler Regierungsrationalität

Es wurde bereits auf den Unterschied der Freiheitskonzeption des Liberalismus und des Neoliberalismus eingegangen, der darin besteht, dass es sich bei dem erstgenannten um eine Art natürliche Freiheit handelt, die mit Hilfe des Rechts gegenüber dem Staat

---

[7] Unter Dispositiv versteht Foucault „diskursive und nicht-diskursive Praktiken, die sich aus höchst heterogenen Elementen – wie etwa „Diskursen, Institutionen, architekturalen Einrichtungen, reglementierenden Entscheidungen, Gesetzen, administrativen Maßnahmen, wissenschaftlichen Aussagen, philosophischen, moralischen oder philanthropischen Lehrsätzen, kurz: Gesagtem ebensowohl, wie Ungesagtem (…) (Foucault 1978, S.119) – zusammensetzen können." (Bührmann 2007, S.61)

eingefordert wird, beim letzteren aber um eine „künstlich arrangierte" (Lemke 2000, S.15).

Um eine genauere Beschreibung dieses Wandels von der freien zur arrangierten Freiheit soll es im folgenden gehen.

Die Annahme ist, dass neoliberale Regierungspraxen zu einer Spaltung in einen „abgesicherten" und einen „ausgesetzten" (Heiter 2008, S.57) Teil der Bevölkerung führen und dass diese Spaltung die Bedingung der neoliberalen Freiheit ist. Robert Castel beschreibt es als einen „Prozess der Destabilisierung", der eine „Verwundbarkeit" entstehen lässt zwischen einer möglichen Inklusion und einer Exklusion (vgl.ebd., S.57f.).

Warum sollte man sich diesem Sog zur Marktfreiheit hin nicht entziehen können? Warum ist es so schwer die Schwelle hin zur Exklusion zu überschreiten um dort ein anständiges und selbstbestimmtes Leben zu führen?

Der Grund dafür, dass wir uns so schwer dem Sog des arrangierten Freiheitsdispositivs entziehen können, liegt in einer Verschiebung des Rechts, die ihre Ursache im Wandel vom Liberalismus zum Neoliberalismus zu finden scheint. Um diesen Wandel zu verstehen bedarf es der Unterscheidung zwischen Recht als *Form* und Recht als *Medium*. In *Überwachen und Strafen* beschreibt Foucault (vgl. Heiter 2008, S.59) „die allgemeine Rechtsform" als „ein System prinzipiell gleicher Rechte", in dem „das repräsentative Regime formell ermöglicht, dass der Wille aller, direkt oder indirekt, mit oder ohne Vermittlung, die fundamentale Instanz der Souveränität bildet" (Foucault 1976, S.285).

In dem Fall besetzen die Disziplinen die Nischen dieses Rechts, in denen sie als „eine Art Gegenrecht" (ebd.) agieren, ohne selbst ein Subsystem des Rechts zu werden. Disziplinierende Mechanismen haben demzufolge keinen Bezug zum Recht. An dieser Stelle vollzieht sich der Wandel von der abstrakten und allgemeingültigen Rechtsform hin zu einer Verselbstständigung dieser zum Rechtsmedium. Es geht bei dem Recht nicht mehr um seine allgemeingültige universelle einklagbare Form, obwohl sie weiterhin vorhanden ist. Das Recht bildet eher die Grundlage einer Normierung der Gesellschaft, indem es als Medium für den bestmöglichen und angepasstesten Weg einsteht. Deleuze sieht in dieser rechtlichen Verschiebung die Grundlage für den Übergang von der Disziplinar- zu einer Kontrollgesellschaft. In der Kontrollgesellschaft werden Disziplinar- und Sicherheitstechnologien (vgl.ebd.) im „neoliberalen Design in einem ausufernden Maße mit Hilfe des Rechtsmediums konstruiert" (Heiter 2008, S.59.).

Die allgemeine Rechtsform legt das Augenmerk „auf die Trias aus negativen Freiheitsrechten, politischen Teilnahmerechten und sozialen Teilhaberechten" (Heiter 2008, S.59) die zusammen erst ein Rechtssystem bilden. Wird das Recht zum Medium, fungiert es als „Organisationsmittel für die Steuerung gesellschaftlicher Verhältnisse" (ebd.). Dabei entfällt der auslegbare Charakter des Rechts, seine ständige Neuaushandlung seitens der Gerichte und der politischen Würdenträger und verselbstständigt sich als ein für alle gültiges Prinzip (vgl. ebd.).

Aufgrund der ungleichen Machtverhältnisse in einer kapitalistischen Gesellschaft, die sich in erster Linie entlang des Kapitals ausrichten, kann man von einem höchst ambivalenten Rechtsmedium ausgehen. Durch die Entkopplung von der Form des Rechts als Steuerungsmedium innerhalb einer Gesellschaft wird durch eine neoliberale Gouvernementalität der Schwerpunkt auf die negativen Freiheitsrechte im Inneren der Gesellschaft gelegt. Der Sog hin zur Norm entsteht dabei durch das Aushebeln dieser negativen Freiheitsrechte an den Rändern der Gesellschaft (vgl. ebd., S.60-63).

Dieses schematisierte Szenario, in dem durch eine neoliberale Regierungspraxis eine Zone der „Verwundbarkeit" (Castel) zwischen Inklusion und Exklusion entsteht, interessiert besonders in Bezug auf die Hartz-Reformen. Viele Regelungen im SGB II[8] zielen genau auf diesen Bereich ab.

Die Ironie dieser Marginalisierung einiger Individuen in einen Schwellenbereich zwischen Inklusion und Exklusion besteht darin, dass nur auf diese Weise die Freiheit der inkludierten Bevölkerung überhaupt konstruiert werden kann. Damit ist keine neue Erkenntnis gewonnen, denn zwischen Inklusion und Exklusion herrscht stets der gleiche Mechanismus, der eines Sogs hin zur Inklusion, die eine Festigung von Identitäten mit sich führt. Man könnte demnach von einer normalen Inklusionsbewegung hin zur Freiheit sprechen, die mit den Identitätsbildungen des Eigenverantwortlichen und autonomen, selbstbestimmten Individuums einhergeht. Die Finesse der neoliberalen Regierungspraxis besteht aber gerade in dem künstlich hergestellten Sog, realisiert

---

[8] Zweites Sozialgesetzbuch (SGB II)

durch ökonomischen Zwang und Beschneidung grundlegender negativer Freiheitsrechte. Dies soll anhand der Hartz- IV- Regelungen sichtbar gemacht werden.

Für das Verständnis des neoliberalen Freiheitsdispositivs ist schon einiges deutlich gemacht worden. Kurz gefasst wird in ihm Freiheit auf eine ökonomische Unabhängigkeit reduziert. Über diese ökonomische Unabhängigkeit kann nur das an dem Markt angepasste Individuum verfügen, gebunden an die Bereitschaft sich ständig Wettbewerbsprinzipien unterzuordnen. Damit wird für alle Beteiligten einer solch organisierten Gesellschaft die Freiheit prekär. Freiheit wird zu einem nicht an sich für alle gültigen Gut, sie bemisst sich an der Norm der Nützlichkeit eines Jeden.

Bevor sich der Lage derjenigen zugewandt wird, die an der Schwelle eines solchen gesellschaftlichen Gefüges angesiedelt sind, soll zunächst auf die Inkludierten eingegangen werden, die keine augenscheinlich keine prekäre Freiheit haben. Es geht im folgenden Abschnitt demnach um die Anforderungen an Individuen im Marktgeschehen, die einer hegemonialen Subjektivierungsweise unterworfen sind, der des Unternehmerischen Selbst.

3.2.2 Neoliberale Subjektivierungsform (Das Unternehmerische Selbst)

Es wird nicht allzu schwer fallen sich unter dem Begriff des Unternehmerischen Selbst etwas vorzustellen. Unternehmerische Praktiken, wie der rationale Umgang mit Zeit, den wir mit Ratgebern über Zeitmanagement zu effektivieren versuchen, zeigt, wie tief diese Praktiken in unserem Alltag eingebunden sind.

Die Entstehung einer solchen Subjektivierungsweise ist eine langwierige komplexe Angelegenheit, die in Abhängigkeit eines Dispositivs steht, in dem Fall des neoliberalen Freiheitsdispositivs. Dieses Dispositiv funktioniert ähnlich wie ein Schwamm; es saugt bestimmte Normen, Praktiken, Reglementierungen und Machtverhältnisse über Diskurse auf. Dispositive können in der Vorstellung Foucaults durch unterschiedliche Wissenschaftsdisziplinen und verschiedenste Diskurse in einer Gesellschaft wandern, somit verfestigen sie sich zu unumstößlichen Grundsätzen, welche von den Individuen oft selbstverständlich in die eigenen Handlungspraxen übernommen werden (vgl. Foucault 1978, S.119).

Durch die Subjektivierungsweise des Unternehmerischen Selbst entsteht eine Art Sog, dem wir uns kaum entziehen können. Ein Sog, der uns zur ständigen Selbstoptimierung zwingt, um unsere „Marke Ich" besser nach den Regeln des Wettbewerbs verkaufen zu können. Wir werden zum Unternehmer unseres eigenen Lebens, indem wir mit unserer knappen Ressource Zeit bestmögliche Investitionen in unser eigenes Humankapital tätigen. Damit gehen Tugenden einher wie Kreativität, Flexibilität, Innovation, Selbstständigkeit und Selbstverantwortung. Es soll nicht behauptet werden, dass besagte keine wünschenswerten Charakterzüge moderner Individuen darstellen dürfen. Jedoch tut sich mit ihnen eine dunkle Seite auf, weil die einhergehende Selbstoptimierung nie zum Abschluss kommen kann. Ein Bewegungsmotor für das ständige Sich-Fortentwickeln bilden dabei gerade unvereinbare Paradoxien, wie zum Beispiel gleichzeitig führungsstark und teamfähig zu sein, Anforderung die man vergeblich zu vereinen sucht (vgl.Bröckling 2007, S.7-20)

Im ständigen Konkurrenzkampf mit den Anderen gibt es keinen Stillstand. Dieser Wettbewerbsgedanke schleicht sich immer mehr in unsere alltäglichen Beziehungen ein, so sprechen wir von Beziehungsarbeit in einer Partnerschaft oder lernen den Freund als Konkurrenten zu sehen (vgl. ebd., S.8).

Für jegliches Scheitern wird man unter dieser Logik selbst verantwortlich gemacht. Das stärkt zwar die Position des Individuums innerhalb einer Gesellschaft, vereinzelt es aber so weit, dass es sich gegen die Totalisierung wettbewerbsorientierter Praktiken nicht mehr gemeinsam mit anderen wehren kann. Da es in der Eigenverantwortung verbleiben muss, um sein Leben überhaupt bestreiten zu können, wäre es fatal sich dem Konkurrenten zu öffnen. Eine Individualisierung durch Totalisierung aller im Paradigma des Unternehmerischen Selbst macht sich letztendlich auch der klassische Wohlfahrtsstaat zu nutze, indem er mit Hilfe der Eigenverantwortung die Sozialleistungen kürzen kann. Nicht zuletzt bestimmt diese Form der Subjektivierung hin zum Unternehmerischen Selbst unser Verhältnis zu uns selbst. Unter den Bedingungen des Marktes und des Wettbewerbs wird das Verhältnis zu uns selbst ein technisches Verhältnis geprägt von Kosten-Nutzen-Kalkül und Mittel-zum-Zweck-Verständnis Beziehung (vgl. Legnaro 2009, S.32).

4 Anwendungsteil: Neoliberale Subjektivierungsform am Beispiel von Hartz IV und ihre Auswirkungen

Mit der Zusammenlegung von Arbeitslosen- und Sozialhilfe im Zuge der Hartz-Reformen von 2003 wird zwischen drei Typen von Transferleistungen unterschieden, „die beitragsfinanzierten Transferleistungen des „Arbeitslosengeldes", die steuerfinanzierten Fürsorgeleistungen des „Arbeitslosengeldes II" und die „Grunderwerbssicherung im Alter und bei Erwerbsminderung" durch das „Sozialgeld mit Bedürftigkeitsprüfung" (Pieper 2007, S.102).

Mit der Zusammenlegung gelingt die Überführung der Mehrheit der SozialhilfeempfängerInnen in die Gruppe der „Erwerbsfähigen".

Die „Zone der Verwundbarkeit" wird somit neu ausgehandelt, indem es zu einer Verschiebung der Schwelle zwischen Exklusion und Inklusion kommt. Die Aufnahme vieler SozialhilfeempfängerInnen in die Gruppe der Erwerbsfähigen verfestigt die Differenz zwischen Menschen mit „potentieller ökonomischer Verwertbarkeit" (Pieper 2007, S.103) und denjenigen „Marginalisierten", Erwerbsunfähigen. Es entsteht eine schärfere Trennung entlang der Nützlichkeit von Individuen.

In Abgrenzung zu den „Marginalisierten", die Menschen, die weiterhin auf das Sozialgeld angewiesen sind, werden die als erwerbsfähig eingestuften Menschen als „autonome Subjekte" verfügbar gemacht. Sie werden als freie Subjekte mit Hilfe von Vermittlungsmaßnahmen, wie beispielsweise umfangreiche Screening- und Profilingverfahren seitens der Job-Agenturen, dazu angefeuert sich selbstverantwortlich um eine neue Arbeit zu bemühen (vgl. Pieper 2007, S.103f).

„I (...) want to suggest (...) that the liberal norm oft the autonomous individual is a figure carved out of the substantive forms of life that are known only through (...) exceptions, e.g. insufficient education, poor character, welfare dependency, statelessness, underdeveloped human capital, absence of spirit of improvement, lack of social capital etc." (Dean 2002, S.49).

Drei Punkte sollen bei der Verschiebung der Grenze zwischen Inklusion und Exklusion, welche durch die Zusammenlegung von Arbeitslosengeld II und Sozialhilfe entsteht, als kritische Einwände verstanden werden. Damit soll die Zusammenlegung insgesamt nicht für rechtswidrig oder moralisch unvertretbar erklärt werden, es soll lediglich darum gehen, mit der gouvernementalen Perspektive Machtlogiken anzuzeigen und ihre gegenwärtige Stoßrichtung zu erkennen.

1) Soziale Inklusion vollzieht sich entlang der Kategorie der Nützlichkeit (ökonomische Verwertbarkeit) von Bürgern.

2) Die Scharfe Trennung von Erwerbsfähigen und Erwerbsunfähigen („Marginalisierten") lässt eine *Zone der Verwundbarkeit* entstehen, die den Sog zur Marktintegration verstärkt, wodurch eine prekäre Situation der Menschen an dieser Schwelle entsteht.

3) Die Konstitution des „autonomen Subjekts" verläuft über Freiheitstechnologien, die es gleichzeitig als solches erst regierbar machen. Eine „Responsibilisierung" ist die Verschleierung des auferlegten Zwangs in Freiheitsbegriffen.

4.1 Neoliberale Subjektivierung am Beispiel der Hartz-Reformen

Im Gegensatz zur allgemein befürchteten These, der Staat sei im Rückzug begriffen und die Ökonomie erhielte zunehmend größeren Einfluss auf staatliche Angelegenheiten, geht es mit Hilfe der neoliberalen Gouvernementalitätsanalyse eher darum zu zeigen, dass sich der Wandel zur „Ökonomisierung des Sozialen" (Ulrich Bröckling) auf die Omnipräsenz staatlicher Interventionen zurückführen lässt. Während es im wohlfahrtsstaatlichen Modus noch darum ging Schutzbereiche einzurichten, welche die Menschen vor ökonomisch prekären Situationen schützten, der Staat noch als ein Rahmengeber der ökonomischen Prozesse auftrat, sich demnach die politischen Strategien von den Strategien des Marktes unterschieden, haben wir es heute mit einer zunehmenden Deckungsgleichheit von Markt- und Staatsinteressen zu tun.

Im Folgenden sollen drei Beispiele gegeben werden, die uns die Stoßrichtung hin zu einer neoliberalen Regierungsrationalität aufzeigen sollen. Sie nehmen Bezug auf die eingangs benannten drei Dimensionen der Gouvernementalität, obgleich sie nicht als Analysewerkzeuge verwendet werden. Die Komplexität und die dynamischen Wechselwirkungen, die im Konzept der Gouvernementalität selbst angelegt sind, erlauben keine streng trennbare Untersuchung.

1) Hartz Kommission (*Macht-Wissen-Komplex*)

2) Das Jobcenter als Dienstleistung (*Machtbeziehungen und Herrschaftszustände*)

3) Kooperation unter Zwang (Herrschaftstechniken und Techniken des Selbst)

4.1.1 Die Hartz Kommission (*Macht-Wissen-Komplex*)

Wirtschaftliche Grundsätze wie der Ruf nach Effizienz oder nach Steigerung des Wettbewerbs in allen Bereichen der Gesellschaft können charakteristisch am Wandel der Anforderungen für Universitäten festgestellt werden. Die Umstellung auf Bachelor- und Masterstudiengänge, die Einsetzung von Hochschulräten und die Anerkennung des Wettbewerbs der Universitäten untereinander können symbolisch für einen Einzug wirtschaftlicher Interessen in staatliche Institutionen herhalten (www.zeit.de/2010/52/C-Fernuni).

Auch in der Sozialpolitik lässt sich ein markanter Einfluss seitens der Wirtschaft feststellen, so etwa im Fall der Kommission für „Moderne Dienstleistungen am Arbeitsmarkt" besser bekannt als die Hartz Kommission (vgl. Hielscher 2009, S.17).

Die Kommission wurde von der Rot-Grünen Bundesregierung beauftragt, ein Konzept zum Abbau der Arbeitslosigkeit auszuarbeiten. Die Vorschläge der am 22. Februar 2002 aufgenommenen Sitzungen dienten als Vorlage für die massive Reformierung des SGB II in Verbindung mit den Gesetzen von Hartz I bis IV (vgl. BT-Drs. 15/26 S.2).

Von großem Interesse in Bezug auf den *Macht-Wissen-Komplex* ist dabei die Zusammensetzung dieser fünfzehnköpfigen Kommission. Denn an ihr nahmen Interessengruppen „mit Vertretern aus Industrie, Beratungsfirmen, Politik, Forschung, Ständischen Vertretungen und Gewerkschaften" (Heiter 2008, S. 61f.) teil. Es wurden keine direkt Betroffenen zu den Beratungen herangezogen, weshalb die Gruppe vor allem aus Mitgliedern mit unternehmerischen Interessen bestand, so beispielsweise Peter Hartz, ehemaliges Mitglied des Vorstands von VW, Norbert Bensel Vorstandsmitglied bei Daimler Crysler. Werner Eichhorst, ehemals Projektleiter für Benchmarking bei der Bertelsmann-Stiftung, hat die Zusammensetzung wie folgt beschrieben (vgl. ebd.):

„Gegenüber den etablierten parteipolitisch geprägten parlamentarischen Entscheidungsprozessen und auch im Vergleich zum blockierten ‚Bündnis für Arbeit' profitierte die Arbeit der Hartz-Kommission von ihrer pluralistischen Zusammensetzung, bei der Vertreter der Parteien und Verbände sowie der Wissenschaft nur eine untergeordnete Rolle spielten. Prägender waren Unternehmer und Unternehmensberater" (Heiter 2008, S.62)

Zu den wichtigsten Impulsen dieser Kommission zählen:
1. Der Umbau der Bundesanstalt für Arbeitsagentur,
2. Die Einführung von Bildungsgutscheinen,
3. Der Grundsatz des Fördern und Fordern,
4. Das Zusammenlegen von Arbeitslosenhilfe und Sozialhilfeniveau,
5. Eine gesteigerte Mitteilungspflicht,
6. Die Förderung der Selbständigkeit,
7. Die Förderung der Flexibilität,
8. Eine Reform der Instrumente aktiver Arbeitsmarktpolitik
(http://www.hartz-iv-iii-ii-i.de/hartz-gesetze.html)

Zwar wurden nicht alle Vorschläge eins zu eins im Gesetzgebungsverfahren übernommen, trotz allem zeichnet sich im Verfahren eine Missverteilung von Machtverhältnissen ab. Nicht nur dass der Schwerpunkt auf die unternehmerische Sichtweise gelegt wird, es wird auch eine „Form der Schematisierung" (Foucault 2004, S.438) der Regierungspraxis im Verhältnis von Staat und Zivilgesellschaft deutlich, indem lediglich eine organisierte Beteiligung von „Think Tanks, Lobbygruppen und Stiftungen wie zivilgesellschaftliche Akteure" (Heiter 2008, S. 62) vorgesehen ist. An dieser Verlagerung der Kräfteverhältnisse wird „die Entkopplung von Rechtsform und Rechtsmedium" (ebd.) abermals deutlich. So reguliere der Staat verschiedene Interessen nur noch geballt in Form von Organisationen und nutzt das in ihnen entstandene Wissen als Steuerungsmedium einer ganzen Bevölkerung (vgl. ebd., 62f.).

Mit der Anrufung angesehener Autoritäten, vor allem der Wirtschaft, erwirken die staatlichen Maßnahmen die benötigte Autorität und legitimieren die Regulierung der Bevölkerung zugunsten des wirtschaftlichen Wachstums. Mit dem Beispiel der Hartz-Kommission wird die Verschiebung von *Macht-Wissen-Komplexen* in Richtung einer Wahrheit des Marktes deutlich, derer sich Staat und Wirtschaft unterzuordnen hat.

4.1.2 Das Jobcenter als Dienstleistung (*Machtbeziehungen* und *Herrschaftszustände*)

Der Einfluss unternehmerischen Denkens und effizienter Marktstrategien macht sich besonders in der Reformierung der Bundesanstalt für Arbeit bemerkbar. Mit der Bildung moderner Jobcenter vollzieht sich ein besseres Betreuungsverhältnis zwischen sogenannten Fallmanagern und Kunden, das für eine bessere Beratung und schnellere Vermittlung sorgt. Ein großer Vorteil ist die Entbürokratisierung und die dadurch mögliche Schwerpunktverlagerung auf die Arbeitssuche. Im Rahmen der gouvernementalen Analyse und in Bezug auf die herauszuarbeitende neoliberale Subjektivierungsform interessiert den Verfasser vor allem der Umbau der Bundesagentur für Arbeit zu einem modernen Dienstleistung, im Zuge derer Arbeitslose zu Kunden werden (Hielscher 2009, S.14-20)

Im Gesetzesentwurf der Bunderegierung fällt zunächst eine marktorientierte Semantik stark ins Auge. Die Rede ist von „organisatorische[n] Maßnahmen", die besonders „im Hinblick auf den Dienstleistungscharakter für die Kundengruppen Arbeitslose und Arbeitgeber" verbessert werden sollen. Die Dienstleistung der Bundesagentur für Arbeit soll „kundenfreundlich" umgestaltet werden, sich „der Nachfrage- als auch der Angebotsseite des Arbeitsmarktes" besser anpassen, außerdem geht es um eine „Verbesserung der Qualität und Schnelligkeit der Vermittlung", einem „Wettbewerb bei beruflicher Weiterbildung" (BT-Drs. 15/26 S.2).

Die semantische Analyse gibt Aufschluss über den betriebswirtschaftlichen Einfluss, der bei der Umgestaltung der Bundesagentur für Arbeit für neue Impulse sorgte. Zugespitzt spiegelt sich diese Semantik in folgendem Zitat wider:

„Hilfen zur Wiedereingliederung in den ersten Arbeitsmarkt [müssen] zu einem wirtschaftlichen Nettoeffekt führen […]. Die Unterstützung zur Integration eines Arbeitslosen ist nur dann ökonomisch sinnvoll, wenn zu erwarten ist, dass die finanziellen Effekte aus den eingesparten Leistungsbezügen und dem früheren Beginn der erneuten Beitragszahlung diejenigen finanziellen Aufwendungen übersteigen, die zur Integration erforderlich sind. (Bundesagentur 2003, S.11)" (Hielscher 2009, S.19)

Diese marktorientierte Modernisierung des Staatsapparates lässt darauf schließen, dass die Wirtschaft zur Leitidee der Gesellschaft wird. Dass staatliche Interventionen zugunsten wirtschaftlicher Ansprüche zurückgedrängt werden und zwar so weit, dass die Differenz zwischen Markt und Staat kaum noch ersichtlich ist, in diesem Sinne argumentiere die Financial Times „dass die Organisationsform ‚Nation' mit zu hohen Fixkosten belastet ist" (Financial Times, 27./28.5.1995) und Nationen zu Firmen werden (vgl. ebd.). Um die Intention dieses Ausspruchs zu verstehen, hilft es sich über die Trennung von Unternehmen und Staat, wie sie noch zu Max Webers Zeiten vorherrsche, Gedanken zu machen. Damals bot das Verhältnis (vgl. Fach 2000, S.16f) zwischen beiden „Anlass für ein seitenverkehrtes Postulat: Betriebe sollen Bürokratien sein!" (ebd., S.117). Wie sich das Verhältnis gewandelt hat, zeigt folgendes Zitat:

„Der Staat muss sich selbst „härten", d.h. den Geist des *Wettbewerbs* inhalieren. Er habe gelernt, reflektierte ein amerikanischer Bürgermeister, dessen Reformen allgemeine Aufmerksamkeit hervorriefen, dass „Privatisierung um jeden Preis" keinen Sinn ergebe; die ‚Schlüsselstelle' sei vielmehr das Konkurrenzdenken" (ebd., S.118)

Eine der wichtigsten betriebswirtschaftlichen Ansprüche war die verbesserte Kundenorientierung und Serviceleistung, die möglichst individuelle und intensive Betreuungsverhältnisse ermöglichen sollte. Es soll aufgrund der Fragestellung der Arbeit nicht darum gehen ob und wie die am „einzelfallorientierte […] Dienstleistungsstrategie" (Hielscher 2009, S.18) in betriebsmarktwirtschaftlicher Manier umgesetzt wurde, es soll vielmehr das Augenmerk auf die beabsichtigten und unbeabsichtigten Implikationen gelegt werden, die mit dem Kundenbegriff und der Serviceleistung einhergehen können.

Die im Zuge der Reformierung der Bundesagentur für Arbeit neu geschaffenen Jobcenter haben potenzielle Arbeitnehmer und Arbeitgeber als Kunden zu betreuen. Für diejenigen, die auf der Suche nach Arbeit sind, werden entsprechende „Kundenprofile" erstellt, um einen „kundenspezifischen Integrationsprozess" zu ermöglichen (Hielscher 2009, S.23). Entsprechend einer Vierfelder-Matrix (Fähigkeit/Qualifikation; Engagement/Motivation; objektive Hemnisse; spezifische Arbeitsmarktbedinungen (ebd.)) werden die zu vermittelnden Arbeitslosen in „Marktkunden", „Beratungskunden Aktivieren", „Beratungskunden Fördern" und „Betreuungskunden" (ebd.) eingeteilt.

Ziel solcher „Kundenprofile" ist die bessere Beratung und Vermittlung. Genau an dieser Stelle steckt die Verzerrung, die sich im Euphemismus „Kunde" widerspiegelt.

„Wer Beratung in Anspruch nimmt, will nicht, dass ‚Maßnahmen' ergriffen werden, sondern erhofft sich vielmehr – je nach Art der Beratung – Anregungen, neue Orientierung, emotionale Unterstützung und/oder die Eröffnung neuer Handlungsmöglichkeiten." (Großmaß 2000, S.13)

Im Regelfall basiert ein Beratungswunsch auf der Freiwilligkeit eines Kunden. Die ist im Falle der Betreuung von Erwerbslosen nicht gegeben, schon aus dem einfachen Grund, dass es in den meisten Fällen gar keine Wahl für den Erwerbslosen gibt eine andere Jobvermittlung aufzusuchen. Die Form des aktivierenden Sozialstaats führt folglich zur „Ausweitung von Zwangsberatung" (Duttweiler 2007, S.261), indem nur im Falle der Befolgung der „angeordneten Beratung" (Nestmann et al. 2004, S.602) entsprechende Mittel zur Jobaufnahme oder Sozialleistungen in Form von Arbeitslosengeld gewährleistet werden (vgl. Duttweiler 2007, S.261f.).

„Wenn z.B. mit der ordnungsgemäßen Teilnahme am Beratungsgespräch das Gewähren von Geldleistungen verbunden ist, die sonst nicht erfolgen, wird der Terminus Beratung zum Euphemismus für ein Pflichtprogramm und aus der noch subtilen ‚geheimen Moral der Beratung' (Thiersch 1990) wird der unverblümte Anspruch auf Wohlverhalten von Klientinnen und Klienten." (Nestmann et al. 2004, S.601)

In diesem Abschnitt wurde die betriebswirtschaftiche Umgestaltung der Bundesagentur erläutert und in der Folge über das Verhältnis von Staat und Markt reflektiert. Des Weiteren wurde mit dem Beispiel des Kunden eine Verzerrung aufgedeckt, die im Rahmen einer *Ökonomisierung des Sozialen* entsteht.

Im Fortgang soll in Anknüpfung an diese Verzerrung, die anhand der Beratung erörtert wurde, aufgezeigt werden, wie Arbeitslose in Sinne einer marktorientierten Eigenverantwortlichkeit in weitere Zwangssituationen gedrängt werden.

4.1.3 Kooperation unter Zwang (*Herrschaftstechniken* und *Techniken des Selbst*)

Unabhängig von der aktuellen Debatte über die Berechnungsmethode der Regelsatzhöhe von Hartz IV, die derzeit vom Bundesverfassungsgericht gerügt wird, verbergen sich in den Reformen grundlegende Beschneidungen der negativen Freiheitsrechte. Diese sollen einen weiteren Beleg für die Stoßrichtung neoliberaler Gouvernementalität und für den Wandel der Rechtsform hin zum Rechtsmedium liefern.

Im Prinzip des Förderns und Forderns (§14 SGB II und §2 SGB II) versteckt sich der marktkonforme Anspruch, „der privatrechtliche Tauschverhältnisse zur Grundlage staatlicher Unterstützung macht" (Heiter 2008, S. 67).

Gefördert wird nur derjenige, der die Forderungen seitens des Jobcenters erfüllt. Hierzu gehört die durch einen Fallmanager betreute Arbeitsvermittlung, die gemäß der Zumutbarkeitsregel (§10 SGB II) organisiert wird. Letztgenannte besagt, dass jede Arbeit, die im Ermessen des Fallmanagers als zumutbar eingeschätzt wird, anzunehmen ist. Bei eventueller Ablehnung seitens des Bedürftigen kann es zu Kürzungen der

Leistungshöhe kommen. In diesen Zusammenhang kann es auch zur Erzwingung der Aufnahme einer *Arbeitsgelegenheit mit Mehraufwandentschädigung* (*Ein-Euro-Job*) kommen, eine Regelung, die die Vertragsfreiheit einschränkt (vgl. Heiter 2008, S.67). Im Forderungskatalog ist außerdem eindeutig festgeschrieben, wie genau die Eingliederungsbemühungen eines Bedürftigen auszusehen hätten, so zum Beispiel die Teilnahme an speziellen Coachings (zählt zu Qualifizierungsmaßnahmen bzw. Weiterbildungsmaßnahmen) oder das Verschicken von Bewerbungen. Der Bedürftige unterzeichnet zusammen mit seinem Fallmanager die sechs Monate geltende Eingliederungsvereinbarung.

In der Eingliederungsvereinbarung, die zentral für die Umgestaltung des SGB II im Zuge der Hartz-Reformen ist, verpflichten sich sowohl die Arbeitsagentur als auch der Erwerbslose Eingliederungsbemühungen zu unterstützen bzw. zu verfolgen. Sie sind Ausdruck des Prinzips „Fördern und Fordern" im Sinne eines „aktivierenden Staats" (vgl. Koppenfels-Spies 2011, S.1).

Das Instrument der Eingliederungsvereinbarung soll deshalb genauer auf sein Verhältnis zwischen Regierungstechniken und Techniken des Selbst untersucht werden. Als Instrument, welches das Verhältnis „zwischen Leistungsträger - der Arbeitsagentur und Leistungsempfänger - dem erwerbsfähigen Hilfebedürftigen" (ebd.) regelt, wird mit der Eingliederungsvereinbarung die Beziehung zwischen den zwei Parteien „rechtlich verbindlich konkretisiert" (ebd., S.2) und erhält somit gesetzlich geregelte Funktion (vgl. ebd.). Kommt eine Eingliederungsvereinbarung nicht zustande, so kann sie von Seiten der Arbeitsagentur durch einen Verwaltungsakt nach § 15 I 6 SGB II ersetzt werden. Dabei stellt sich die Frage welche Rechtsnatur, die Eingliederungvereinbarung, nachdem sie offensichtlich auch einseitig nur von der Behörde auferlegt werden kann, eigentlich besitzt. Denn obwohl der Bedürftige im strengen gesetzlichen Sinne (Vertragsfreiheit) nicht dazu gezwungen ist eine solche Vereinbarung einzugehen, droht ihm bei Nichtabschluss eine Minderung des Arbeitslosengeld II um 30% (vgl. ebd.). Der Begriff der Vereinbarung allein macht auf ein Verhältnis aufmerksam, in dem der Hilfsbedürftige „als gleichberechtigter Partner der Arbeitsverwaltung angesehen wird" (ebd.). Mit diesem Anspruch wird die Eingliederungsvereinbarung zu einer Regelung mit „Vertrags- oder vertragsähnlichen Charakter" (ebd.). Gerade dieser Charakter gewährt ihr das Spiel mit der Freiwilligkeit und dem gleichzeitigen Zwang, dass mit der Verknüpfung zwischen Regierungstechniken und Techniken des Selbst ausgedrückt werden soll. Indem sich die klassische Diskrepanz zwischen Bedürftigen und Behörden, die sich in einem strengen Hierarchieverhältnis im Sinne eines „Über-Unterordnungsverhältnisses" (ebd., S.3) zeigt, auflöst, wird dem Bedürftigen eigenmächtiges, selbstverantwortliches Handeln suggeriert (vgl. ebd.). Dieses kooperative Verhältnis steht symbolisch für den „aktivierenden Sozialstaat".

Es lässt sich trotz kooperativer Intentionen eine deutliche Asymmetrie im rechtlichen Verhältnis zwischen Arbeitsagentur und Erwerbslosen feststellen. So hat zwar die Arbeitsagentur finanziellen Sanktionsspielraum gegen den Bedürftigen im Falle einer Außerkraftsetzung der Abmachungen, aber andersherum hilft dem Bedürftigen nur die Klage. Außerdem kann der Fallmanager die Eingliederungsvereinbarung erzwingen, während der Bedürftige oft gar keine Aushandlung zu seinen vertraglich verbindlichen Eingliederungsbemühungen gewährt bekommt (vgl. ebd.). Sowohl durch die Gesetze selbst ist im Verhältnis zwischen Leistungsträger und Leistungsempfänger eine deutliche Asymmetrie zwischen den Vertragsparteien hergestellt worden, als auch durch die Entscheidungsfreiheit des einzelnen Fallmanagers, dessen Ermessen letztendlich die Aushandlung der Eingliederungsvereinbarung obliegt. Der Bedürftige unterliegt letztendlich einer Art „Kooperation unter Zwang" (ebd.). In der aufgedeckten Asymmetrie und der Unklarheit der Rechtsnatur der Eingliederungsvereinbarung lässt sich der Wandel von *Rechtsform* zum *Rechtsmedium* nachvollziehen. Das Recht selbst wird bis zur Unschärfe verzerrt und eröffnet damit einen disziplinierenden Handlungsspielraum für den Fallmanager. Die Verknüpfung von *Techniken des Selbst* und fremdbestimmter *Regierungstechniken* zeigen, dass der Bedürftige Opfer einer für ihn bestimmten Wahlfreiheit ist, die er selbst nicht besitzt.

4.2 Hegemoniale Subjektivierungsform und ihre Konsequenzen

4.2.1 Gegenpart des Unternehmerischen Selbst

Das zu Anfang dargestellte neoliberale Freiheitsdispositv öffnete den Weg hin zu einer Überlegung von der Neuanordnung von Inklusion und Exklusion, mit der überhaupt erst ein Begriff von Freiheit entsteht. Freiheit ist in dem Sinne eine Abgrenzung zu den sozialen Sphären, in denen sie nicht herrscht, das heißt in den Sphären der Exklusion. Dabei sind diejenigen inkludiert, die als eigenverantwortliches autonomes Subjekt im Kräftespiel des Marktes mitmischen können.

Gleichzeitig wurde aufgezeigt, dass sie erst als solche freien und autonomen Subjekte regierbar gemacht werden können. Die im Zuge der Zusammenlegung von Arbeitslosen- und Sozialhilfe in die Erwerbsfähigkeit eingegliederten gelangen in eine „Zone der Verwundbarkeit". Mit den Regelungen der Hartz-Gesetze wurden die disziplinierenden und bevormundenden Maßnahmen gegenüber Bedürftigen angedeutet. In diesen Maßnahmen spiegelt sich der Aufruf zum Unternehmerischen Selbst. Außerdem sollte deutlich werden, wie sich marktorientierte Strategien im *Macht-Wissen-Komplex* in den Institutionen des Staates überlagern und hegemonial auf die Subjektivierungsweise abfärben.

Die Subjektivierungsweise des Unternehmerischen Selbst, die ihre Kraft von der Schwelle (*Zone der Verwundbarkeit*) her schöpft, soll deshalb mit der Subjektivierungsweise eines Hartz IV – Empfängers in Zusammenhang gebracht werden. Die Subjektivierungsweise des bedürftigen Erwerbslosen ist keine entgegengesetzte Spiegelung des Unternehmerischen Selbst, sonst befände man sich im sozialen Raum der „Exkluierten". Es ist vielmehr die Verdeutlichung des unsicheren Bodens, auf dem sich ein jedes selbst bestimmte, autonome Subjekt bewegt, das durch die *Zone der Verwundbarkeit* aufgezeigt werden soll.

Die neoliberale Gouvernementalität, durch welche der Markt zum Ort der Verdiktion der Regierungspraxis wird, eröffnet neue Räume der Willkür. Die teilweise unklare Regelung über die Eingliederungsvereinbarung oder die im Ermessen des Fallmanagers zu vollziehenden Sanktionen bei Pflichtverletzung seitens eines Hartz IV Empfängers geben Aufschluss darüber.

Galt es im bürgerlichen Aufbegehren zu Beginn des 19. Jahrhunderts, liberale Ziele umzusetzen, die eine Willkür seitens des Staates eindämmen sollten, indem man die Entstehung eines Rechtsstaates forderte, droht sich im Zuge der neoliberalen Gouvernementalität die Differenz zwischen Staat und Wirtschaft nahezu aufzulösen. Die Idee wohlfahrtstaatlicher Maßregelungen weicht dem Sog einer *Responsibilsierung* des Einzelnen, der hinsichtlich seiner Lebensrisiken selbstbestimmt vorzusorgen hat.

In der individualisierenden Art der neoliberalen Subjektvierungsweise, wie sie sich im Unternehmerischen Selbst zeigt, gilt jeder Erfolg als der je eigene, ebenso auch jeder Misserfolg.

Nach einer langen Phase der Solidaritätsbekundungen mit dem Aufbau des westdeutschen Wohlfahrtsstaates, weil man sich struktureller Ungleichheiten bewusst war, scheint im neoliberalen Diskurs die Selbstverschuldung von Armut zurückzukehren (vgl. Pieper 2007, S.100f.).

„Die Regierung bedient sich eines neuen ‚ethischen Prinzips' [...] und damit einer spezifischen Subjektivierungstechnologie, die als Strategie der ‚Responsibilisierung' [...] bezeichnet werden kann." (ebd.)

Die *erlernte Hilflosigkeit* eines Bedürftigen im wohlfahrtsstaatlichen Kontext soll einer engagierten, eigenaktiven Lösung der Armutslage seitens des Betroffenen weichen. Armut beseitigt sich nach dieser Logik mit ausreichender Selbstsorge.

Diese Vorstellung der Autonomie des Subjekts „verknüpft sich unauflöslich mit dessen Unterwerfung als individualisiert selbstverantwortliche[r] Person. Dabei geht es nicht um die einfache Reproduktion sozialer Ungleichheiten, sondern um deren Recodierung auf der Grundlage einer neuen Topologie des Sozialen" (Pieper 2007, S.100).

Diese neue *Topologie des Sozialen* ist der Brunnen, aus dem die Identität des Unternehmerischen Selbst geschöpft wird. Jegliche Art individueller Probleme sollten mit dem entsprechenden Willen zu einer höheren Qualifikation, mit einer gesunden Kreativität und Motivation bewältigt werden können. In Notlagen helfen Coachings oder Berater aus der Misere. Die kundenorientierten Job-Center bieten ein umfassendes Instrumentarium für die Wiedereingliederung von Arbeitslosen, die sich entlang unzähliger Anglizismen wie dem *Fallmanager*, dem *Controlling* und dem *Benchmarking*, dem *Profiling* und den *Clearingstellen* vollziehen kann.

Es scheint, dass innerhalb dieser Regierungspraxis die Selbsttechnologien eines Jeden effektiver und allumfassender wirken als die kontrollierenden bzw. disziplinierenden Methoden; dies soll nicht bedeuten, dass letztere nicht noch immer wirksam sind.

Der Versuch, den Bedürftigen als ein autonomes Subjekt zur Eigeninitiative zu bringen, ist eine Wanderung auf einem schmalen Grat zwischen Selbstbestimmung und Fremdbestimmung. In dem wachsenden Bewusstsein von Menschen, die Hartz IV beziehen, von dieser von außen auferlegten Bestimmung über selbstinitiatorische Impulse liegt die Verzerrung der Subjektivierungsform des Unternehmerischen Selbst.

Die Behauptung ist, dass mittels Methoden wie den Sanktionen bei Pflichtverletzungen, den Beratungen, oder dem *Profiling* ein Gefühl von Selbstverschuldung an seiner misslichen Lage aufkommt. Geht man jedoch davon aus, dass Bedürftige in den seltensten Fällen ein Arbeitsunwillige sind, die absichtlich dem Staat auf der Tasche liegen, versteht man den Konflikt der sich eventuell im Bedürftigen auftut. Überspitzt gesagt könnte sich das Gefühl beim Erwerbslosen einstellen, für sein Versagen selbst verantwortlich zu sein. Mit der Individualisierung der Schuld des Scheiterns werden Erwerbslose regierbar, integrieren sich freiwillig in Maßnahmen, wie der des Ein-Euro-Jobs. Wäre das Bewusstsein einer strukturellen Benachteiligung einer großen Gruppe vorhanden, würde die vereinzelnde und zugleich totalisierende Subjektivierung nicht mehr greifen. In diesem Sinne wird ein jeder Bedürftiger zum Spielball professionalisierter Berufshelfer und ist immer einer gewissen Willkür ausgeliefert, gerade weil bürokratisierte Prozesse nie vollständig die Lebenssituation eines Einzelnen abbilden können. Dass, was als Programm zur Stärkung der Eigeninitiative seitens des Arbeitslosen geplant war, wird zum Zwang sich einem Markt unterzuordnen, der seine Individualität nicht lesbar machen kann. Der Arbeitslose wird mittels Marktkategorien gebogen, bis seine Arbeitskraft wieder gute Ware ist und das geschieht meist erst, wenn er bereit ist ein geringes Lohnniveau anzuerkennen.

4.2.2 Utopie der Konsequenzen

Die künstlich arrangierte Freiheit, die über die Technologien des Selbst hergestellt wird, in der sich optimalerweise die hegemoniale Weise des Unternehmerischen Selbst einschreiben kann, könnte gegebenenfalls tief in die Beziehungen zu sich selbst und zu anderen eindringen.

Es ist von einer Veräußerung des Subjekts auszugehen, die sich stets in Kategorien von sichtbarem Erfolg oder Misserfolg ablesen lässt. Der Markt als die Verdiktion nicht nur einer guten Regierungspraxis, sondern ebenso als die Verdiktion des freien und autonomen Subjekts führt zu einem funktionalen und technischen Verhältnis zu sich selbst im Raster der neoliberalen Rationalität. Eine fortschreitende Selbstoptimierung soll Handlungsspielräume eröffnen, womit das Gefühl von Freiheit und Unabhängigkeit erzeugt werden soll. Diese Freiheit unterliegt finanziellen Absicherungen und dem rechtmäßigen Verwalten der eigenen Risiken. Das Problem entsteht dadurch, das dies ein nicht abschließbarer Prozess ist. Es zeigt sich die Kehrseite dieser Art von Freiheit, nie genug Sicherheit zu haben, zu viele Risiken, zu viele Möglichkeiten der Selbstoptimierung. Das wiederum führt zu einer Rastlosigkeit, die das Schweigen verdrängt und die Sensation sucht. Beziehungen mit Mitmenschen werden den Maßstäben der Optimierung unterworfen, können deshalb sehr wechselhaft ausfallen.

5 Schluss

Die *Techniken des Selbst*, die in Verbindung mit Regierungspraktiken wirksam werden, zeigen, wie Handlungsspielräume über die Form der Subjektivierung erst ermöglicht werden. Das bedeutet, dass der Bezug zu uns selbst sich aus einem gouvernementalen Komplex, in dem bestimmte Subjektivierungen wirken, heraus entwickelt. Während disziplinierende Maßnahmen auf den Körper abzielen, so zielt eine liberale Regierungspraktik auf die Seele. In diesem Zusammenhang spricht Foucault von der Entstehung eines Subjekts des Begehrens, dass sich entlang christlicher Diskurse über die Sexualität bildete (*Wissen und Wahrheit*).

Foucault geht davon aus, dass der Raum unseres Selbst im Inneren, der die Grundlage für unser je eigenes Begehren und unser Streben nach Erfüllung bietet, eine je schon für uns erfundene Existenzweise darstellt (vgl. Greco, S.265). Damit wird die Verwirklichung von Freiheit und damit die Manifestierung dieser zu einem „regulativen Ideal" (Nicolas Rose), indem die vorherrschende Subjektivierungsweise mit Hilfe von Technologien des Selbst übernommen werden. Mit dieser Annahme schwindet die Vorstellung einer Trennung des Individuums in einen inneren Kern und eine äußerliche soziale Welt der Zwänge. Im liberalen Diskurs ist das innere Streben des Individuums aber Grundlage für den ökonomischen Fortschritt, indem es seinen eigenen Interessen folgt, sorgt es für den Wohlstand aller. Die Freiheit in der liberalen Subjektivierungsweise, die mit dem Streben nach Erfüllung einhergeht, bietet auch die Möglichkeit zum Dissens (vgl. Greco 2000, S.265). Dieser Dissens äußert sich beispielsweise im Bestreben die Willkür des Staates zu begrenzen. Eine liberale Ordnung ist nach Vikki Bell dadurch gekennzeichnet, dass sie „das anders denkende Subjekt auffordert, seine Freiheit innerhalb eines Systems von Repräsentationen zu artikulieren. Diese Freiheit kehrt als Versprechen [der Erfüllung] zurück, welches das Subjekt [...] in seine Selbstdarstellung einsperrt und versucht, es zu hören, zu verstehen und zu ‚kennen'" (Bell 1996, S.95).

Das Versprechen einer Erfüllung, das daraufhin deutet, dass auch Individualität ein unerfüllbares Versprechen bleibt, führt zu einer weiteren Maßgabe aktueller Selbstbezüge, die der Authentizität.

Die Arbeit kann als eine Vorbereitung angesehen werden hin zu diesem Begriff der Authentizität. In dem zu oft ein trügerisches Selbstbild von uns selbst steckt. Die Auseinandersetzung mit Hartz IV und seiner Subjektivierung bot Anlass über die Freiwilligkeit unser Handlungen nachzudenken. Es bleibt die Frage, ob überhaupt in den Begriffen von Arbeit und in Abhängigkeit zu staatlichen Transferleistuungen eine besondere Beziehung zu uuns selbst, fern von vorgegebenen Subjektivierungsweisen möglich ist.

6 Anmerkungen

6.1 Staat und seine Institutionen – Unterscheidung von Machtbeziehungen und Herrschaftszuständen

Foucaults Herangehensweise ist konstruktivistischer und antiessentialistischer Art. Einheitliche Auffassungen vom Staat und seinen Institutionen, wie in institutionalistischen Erklärungen beispielsweise, müssen einer „radikal prozessualen Betrachtung des Politischen" (Saar 2007, S.32) weichen.

Das Konzept der Gouvernementalität denaturalisiert den Staat und löst ihn in Prozesse des Staatswerdens auf. Gouvernementalität als historische Betrachtung von Regierungspraktiken hat die Analysekraft Rationalitäten dieser Regierungspraktiken aufzudecken und die Bindung, die diese seit Beginn der Moderne mit dem Staatskonstrukt eingehen, nachzuvollziehen (vgl. Foucault 2000, S.68ff). Staat kann somit nicht als der Gesellschaft entgegenstehendes Gefüge angesehen werden, sondern ist im Gegenteil „nicht viel mehr als eine Kristallisation von Kräfteverhältnissen und ist weder reines Instrument (in den Händen irgendeiner sozialen Gruppe) noch ein vollständig verselbstständigter bürokratischer Apparat" (Saar 2007, S.33).

Um das dynamische Gefüge, in das der „Staat" eingebettet ist, zu verstehen bedarf es einer genauen Vorstellung des Foucaultschen Machtbegriffs. Foucault geht bereits in früheren genealogischen Werken wie beispielsweise *Überwachen und Strafen* von einer „Mikrophysik der Macht" (Foucault 1976, S.38) aus. Diese ist zu verstehen als dynamisches und relationales Gefüge von „Dispositionen, Manövern, Techniken, Funktionsweisen" in einem Rahmen, indem „zahllose Konfrontationspunkte und Unruheherde, in denen Konflikte, Kämpfe und zumindest vorübergehende Umkehrung der Machtverhältnisse drohen" (ebd., S.39). Macht wird gedacht als „generelles strukturierendes Element des Sozialen" (Saar 2007, S.31) und damit omnipräsent.

„Nicht weil sie alles umfasst, sondern weil sie von überall kommt, ist die Macht überall. [...] die Macht ist nicht eine Institution, ist nicht eine Struktur, ist nicht eine Mächtigkeit einiger Mächtiger . Die Macht ist der Name, den man einer komplexen strategischen Situation in einer Gesellschaft gibt" (Foucault 1977, 113f.).

Diese Vorstellung von Macht zieht eine Politisierung aller Teilbereiche gesellschaftlichen Lebens nach sich. Sie zerstört hierarchische Vorstellungen von Gesellschaften, in denen eine Gruppe die Macht besitzt und in Folge dessen eine andere Gruppe unterdrücken kann. Herrscher und Beherrschte, Macht gegen Ohnmacht sind Ambivalenzen die mit Foucaults mikrophysischen Machtbegriff nicht aufrechterhalten werden können. Die Macht versammelt sich nicht um ein Zentrum und zerstreut sich in der Peripherie, sie ist auch keine Struktur, sondern ein sich fortwährend veränderndes Spiel von Kräften (vgl. Foucault 1987, S.254)

Des Weiteren stößt Foucault mit Hilfe der gouvernementalen Perspektive auf eine weitere Neuheit im Denken der Macht, denn er begreift sie als historisch veränderbar. Die Geschichte einer Gouvernementalität seit Beginn der Moderne soll das verdeutlichen. Dieser Wandel der Macht ist in gewisser Weise an den Wandel von Regierunspraktiken gebunden. In ungefähr 500 Jahren „Staatsgeschichte" lässt sich nach Foucault ein Verschiebung von einer zunächst repressiven Machtform, wie die der Souveränitäts- und Disziplinarmacht zur heutigen biopolitischen Macht feststellen.

Mit der bisherigen Beschreibung des Staates als ein antiessentialistisches Konstrukt, welches seine Realität über den Wandel von Regierungsrationalitäten (deren Veränderung im Fortgang skizziert werden) erschaffen hat und der damit verbundenen Erläuterung des Foucaultschen Machtbegriffs wird im nächsten Schritt das Verhältnis von Herrschaftszuständen und Machtbeziehungen auf welche die Vermittlung Regierung abzielt, erläutert.

Macht strukturiert und ordnet die soziale Welt. Sie durchdringt alle in ihr teilnehmenden Körper und Subjekte. Machtbeziehungen sind demnach hochkomplex, funktionieren in den seltensten Fällen über Repression und sind folglich auf Zustimmung angewiesen. Außerdem wurde skizziert, dass Machtbeziehungen auf einem wackeligen Fundament stehen, welches zu jeder Zeit veränderbar ist. Wie also sind unter solchen Voraussetzungen stabile Institutionen möglich? Genau diese Institutionen sind nämlich Grundlage für stabile Herrschaftszustände.

Institutionen, ebenso wie der Staat sind Kristallisationen, welche sich aus dem im Kampf befindlichen gesellschaftlichen Machtgefüge heraus entwickeln. Sie schaffen es, als diese Kristallisationen, eine eigene Realität herzustellen, beziehungsweise ein Selbstläufer zu werden. Währt eine Institution über einen längeren Zeitraum und bewährt sich gegen Legitimierungsbeschüsse kann sie als eine selbstverständliche immer dagewesene Einheit wahrgenommen werden, was sie de facto nicht ist (vgl. Saar 2007, S.33f). Jede Institution steht vor dem Problem in sich Kräfteverhältnisse aus einer Gesellschaft abzubilden, aus der sie selbst notwendigerweise entstanden ist. Gleichzeitig aber aus eigener Kraft heraus, die eigene Legitimierung zu schöpfen, sich als notwendiges Element mit spezifischer Eigenständigkeit innerhalb einer Gesellschaft darzubieten. Indem Maße wie in einer sozialen Welt institutionalisierte Prozesse aufrechterhalten werden, können Herrschaftsbeziehungen entstehen. Institutionen als geballte Interessenträger, einiger Personengruppen, aber auch als Gefüge, die aktuelle Machtstrategien in sich aufnehmen, reproduzieren ständig gesellschaftliche Verhältnisse. Die Herrschaftsverhältnisse, die Institutionen verwirklichen, sind nicht identisch mit den Machtbeziehungen in die sie als Institution eingebunden sind. Herrschaft ist in diesem Sinne eine strukturelle Komponente, die zu einem präzisen Zeitpunkt Handlungszwang auf andere ausüben kann. Macht ist aber die Möglichkeit diesen Handlungsdruck auf andere überhaupt ausüben zu können. Macht bedeutet immer Freiheit, die Möglichkeit sich gegen Anweisungen zu entscheiden. Während Herrschaft das starre, strukturell eingerichtete Verhältnis in einer Gesellschaft wiedergibt, trägt die Machtbeziehung, die Dynamik in sich, mit Hilfe derer die stabilen Herrschaftszustände jeder Zeit aufgebrochen werden können. Dieses Verhältnis wird in den sich wandelnden Regierungspraktiken reflektiert und ständig aktualisiert (vgl. Saar 2007, S.26-35).

Die Abgrenzung zwischen Staat und Gesellschaft vollzieht sich nicht einfach entlang zweier Entitäten, vielmehr bildet sie ein differenzielles Raumregime, das ein strukturelles Gefälle zwischen unterschiedlichen Sphären etabliert, wie etwa die Unterscheidung zwischen Inländern und Ausländern, privat und öffentlich etc. Anhand dieser Einteilungen funktioniert Exklusion und Inklusion (vgl. ebd.).

6.2 Macht-Wissen-Komplex

Die dritte Dimension des Gouvernementalitätskonzepts ist die Verknüpfung zwischen Macht und Wissen. Die wechselseitige Beziehung zwischen Wissen und der Macht schließt eine von politischen Interessen unabhängige wissenschaftliche Erkenntnis bzw. Wahrheit aus. Wissen und seine Institutionalisierung legitimiert Herrschaftsbeziehungen oder kann sie aufbrechen. Die Institutionalisierung von Wissen ist in den Diskursen verankert, in denen Machtdispositionen ausgehandelt werden können (vgl. Saar 2007, S.26ff).

Die Funktion des Dikurses ist es Wissen zu produzieren und gleichzeitig zu regulieren. Ein Diskurs verengt die Möglichkeiten von Erkenntnissen, indem in ihm gewisse immanente Regelungen entstehen, welche die Teilhabe an Diskursen regeln. Diskurse besitzen beispielsweise Autoritäten, deren bloße Benennung eine ganze Kette von Assoziationen freisetzt, die dazu führen, dass Diskurse sich materialisieren. Diese Autoritäten können Bücher sein, Autoren oder Gesetze. Die diskursive Perspektive eröffnet ein Verständnis von Wissen als Wechselspiel mit sozialen, institutionellen und politischen Elemente, die zusammen die Mechanismen seiner Produktion bereitstellen (vgl. Saar 2007, S.25f). Die Frage der Wahrheit folglich eine politische Frage, hinzu einer Angelegenheit von Performativität. Im bereits erwähnten Werk *Überwachen und Strafen* geht es um so eine Verschränkung von Macht und Wissen, im Zusammenhang mit der Entstehung des Gefängnisses. Die beiden Komplexe der Wissenschaft und der Justiz gehen ein enges sich wechselseitiges legitimierendes Verhältnis ein, dass zur Produktion der Wahrheit im Strafrecht führt. Kurzum stellt Foucault dar, wie die Produktion einer politischen Ökonomie der Wahrheit im modernen Strafsystem gelang (vgl.Saar 2007, S.27).

Der synthetische Begriff des Macht/Wissen steht demnach für das in „konkreten Produktionsprozessen entstehende Amalgam, in dem sich Wissenskonstitution und Machtausübung überschneiden" (Saar 2007, S.27).

6.3 Regierungstechniken und Techniken des Selbst

Den positiven Machtbegriff erlangt Foucault vor allem in der Abgrenzung von der „Repressionshypothese" (Foucault 1977, S.21), in der Macht als repressive sich in Verboten und Zensuren ausdrückende Wirkung gedacht wird. In Verbindung mit den Analysen von *Überwachen und Strafen* beispielsweise wird die schöpferische Dimension von Macht und damit ihr produktiver und konstitutiver Charakter immer deutlicher. Dieser positive Charakter der Macht ermöglicht die Beobachtung von Herrschaftstechniken, die in Technologien des Selbst überführt werden können.

Im Nachvollzug einer Geschichte der Gouvernementalität kristallisieren sich für Foucault drei Machttypen heraus: die souveräne, die disziplinierende und die biopolitische Macht. Wenn gleich alle drei Machtformen in unseren heutigen westlichen Gesellschaften wirksam sind, wird der biopolitischen Machtform eine Vorreiterrolle zugestanden. Biopolitische Macht bedeutet die Kontrolle und Regulierung der Bevölkerung in Hinblick auf ein Wachstum des Wohlstands.

„Dass der „dominante" Machtmodus im Zeitalter der Gouvernementalität in Verwaltung und Regulierung des Lebens besteht, bedeutet gerade, dass sich gouvernementale Macht anders als souveräne Macht und Disziplin vollzieht. Damit ist nicht gesagt, dass diese Machtformen harmlose Varianten „guter Macht" wären; die biopolitische Verwaltung des Lebens kann sogar aus einer bestimmten diagnostischen Perspektive als umso verhängnisvoller erscheinen, da sie ungleich umfassender und durchdringender ist, im Zuge der „Gouvernementalisierung" des Staates und der Gesellschaft alle Bereiche des Sozialen erfasst und sich vor allem auf dem Umweg des Schutzes und der Förderung des Lebens das Recht zu töten erwirkt." (vgl. Saar, S.37)

Das Zitat erklärt die Funktionsweise biopolitischer Macht, welche die Grundlage für neoliberale Regierungstechniken bildet. Dafür muss man wissen, dass die Gouvernementalitätsanalysen letzlich auf die Beschreibung von neoliberalen Gouvernementalitäten in unserer Gegenwart abzielen, indem Foucault deren Entstehung nachvollzieht. Zu einer Prämisse moderner neoliberaler auch schon liberaler Ordnungen gehört die Eigenverantwortlichkeit. An diesem Punkt, der Übertragung der Verantwortung auf den Einzelnen greift das Konzept der „Technologien des Selbst". Voraussetzungen für die Möglichkeit Machstrategien aus den zu regierenden Individuen selbst heraus zu schöpfen, also Impulse zur Selbstverwirklichung und Eigenverantwortlichkeit zu steigern ist eine Idee von Freiheit. Macht kann nur über freie Subjekte ausgeübt werden. Das bedeutet die Kontrastierung von einem freien Raum in Abwesenheit von Machtbeziehungen muss aufgelöst werden. Demnach ist nicht die Freiheit das reine weiße Blatt auf das sich die Macht einschreibt und den Platz für weitere Einschreibungen reduziert, im Gegenteil ist Macht die Brille, die uns die Einschreibungen auf dem Blatt erst sichtbar macht. In diesem Sinne schafft Macht den Spielraum der Freiheit. Machtbeziehungen konstituieren Ideen von Freiheit, weil Freiheit nur so als Medium von Machtstrategien wirksam werden kann.

Es wird deutlich, dass Macht alle sozialen Praktiken durchzieht und nicht an ein institutionalisiertes Zentrum gebunden ist. Denn Machtbeziehungen und die mit ihnen entstehenden Herrschaftsverhältnisse entstehen durch Subjektivierungen. Auf der einen Seite Subjektivierungen, die dazu anleiten uns als Teil eines sozialen Gefüges wahrzunehmen (als Staatsbürger z.B.), die sogenannten „politischen Technologien" (Foucault), andererseits „Technologien des Selbst", die es Individuen erlauben, „selbst eine Reihe von Operationen mit ihrem Körper, ihrer Seele, ihren Gedanken, ihrem Verhalten vorzunehmen, sie auf diese Weise zu verwandeln oder zu verändern und einen bestimmten Zustand der Vollkommenheit, des Glücks, der Reinheit oder der übernatürlichen Macht zu erreichen" (Lemke 2010, S.55).

Die Geschichte der Entstehung eines Staates, wie sie die Geschichte der Gouvernementalität zu beschreiben versucht, ist gleichzeitig eine Geschichte des Subjekts, weil Foucault den Staat „als eine komplexe Verbindung zwischen Techniken der Individualisierung und totalisierenden Verfahren" (Foucault 2005, S.277) versteht, in diesem Verhältnis spiegelt sich die konstitutive Bezogenheit von Macht und Freiheit wider.

7 Literaturverzeichnis

BRÖCKLING, ULRICH, *Das Unternehmerische Selbst,* Frankfurt a.M. 2007.

BÜHRMANN, ANDREA D., „Soziale Arbeit und die (Trans-)Formierung moderner Subjektivierungsweisen", in: *Foucaults Machtanalytik und Soziale Arbeit. Eine kritische Einführung und Bestandaufnahme,* hg. V. Roland Anhorn, Frank Bettinger und Johannes Stehr, Wiesbaden 2007, S. 59-74.

DUTTWEILER, STEFANIE, „Beratung als Ort neoliberaler Subjektivierung", in: *Foucaults Machtanalytik und Soziale Arbeit. Eine kritische Einführung und Bestandaufnahme,* hg. V. Roland Anhorn, Frank Bettinger und Johannes Stehr, Wiesbaden 2007, S. 261-275.

FOUCAULT, MICHEL, „Das Subjekt und die Macht", in: Hubert L. Dreyfus/Paul Rabinow, *Michel Foucault: Jenseits von Strukturalismus und Hermeneutik,* Frankfurt a. M. 1987, S. 243-261. -, „Staatsphobie", in: *Gouvernementalität der Gegenwart. Studien zur Ökonomisierung des Sozialen,* hg. v. Thomas Lemke, Ulrich Bröckling und Susanne Krasmann, Frankfurt a. M. 2000, S. 68-71.

-, *Der Wille zum Wissen. Sexualität und Wahrheit,* Bd.I, Frankfurt a. M. 1977.

-, *Kritik des Regierens. Schriften zur Politik,* Berlin 2010.

-, *Michel Foucault. Die Hauptwerke,* Frankfurt a.M. 2008.

GRECO, MONICA, „Homo Vacuus. Alexithymie und das neoliberale Gebot des Selbstseins", in: *Gouvernementalität der Gegenwart. Studien zur Ökonomisierung des Sozialen,* hg. Lemke, Thomas/ Krasmann, Susanne/Bröckling, Ulrich, Frankfurt a. M. 2000, S. 265-285.

GROSSMASS, RUTH, *Psychische Krisen und sozialer Raum. Die Sozialphänomenologie psychosozialer Beratung.* Tübingen 2000.

HEITER, BERND „<...nicht dermaßen regiert zu werden>. Über juridische Formen, Hartz IV und Widerstandspraktiken", in: *Widerstand denken. Michel Foucault und die Grenzen der Macht,* hg. V. Daniel Hechler und Axel Philipps, Bielefeld 2008, S. 57-74.

HIELSCHER, VOLKER/OCHS, PETER, *Arbeitslose als Kunden? Beratungsgespräche in der Arbeitsvermittlung zwischen Druck und Dialog.* Berlin 2009.

LEGNARO, ALDO, AND ALMUT BIRENHEIDE, *Regieren Mittels Unsicherheit: Regime Von Arbeit in Der Späten Moderne,* Konstanz 2008.

LEMKE, THOMAS/ KRASMANN, SUSANNE/BRÖCKLING, ULRICH, „Gouvernementalität, Neoliberalismus und Selbsttechnologien. Eine Einleitung", in: *Gouvernementalität der Gegenwart. Studien zur Ökonomisierung des Sozialen,* hg. v. dens., Frankfurt a. M. 2000, S. 7-40.

NESTMANN, FRANK, Beratungsmethoden und Beratungbeziehung, in: Nestmann, F./ Engel, F./Sickendieck, *Handbuch der Beratung. Band 2: Ansätze, Methoden und Felder,* Tübingen 2004, S.599-608.

ROSE, NIKOLAS S., *Governing the Soul: The Shaping of the Private Self,* London 1996.

SAAR, MARTIN, „Macht, Staat, Subjektivität. Foucaults Geschichte der Gouvernementalität im Werkkontext", in: *Michel Foucaults ‚Geschichte der Gouvernementalität' in den Sozialwissenschaften. Internationale Beiträge,* hg. v. Susanne Krasmann und Michael Volkmer, Bielefeld 2007, S.23-41.

WWW.HARTZ-IV-III-II-I.DE
Die Maßnahmen der vier Hartz Gesetze im Überblick: http://www.hartz-iv-iii-ii-i.de/hartz-gesetze.html (Stand: 02.03.11)
WWW.ZEIT.DE
Büffeln ohne Ende: http://www.zeit.de/2010/52/C-Fernuni (Stand: 02.03.11)

8 Danksagung und Kommentar

Mein ganz besonderer Dank gilt Carolin Mackowiak, die mich bei der Korrektur der Arbeit ganz besonders unterstützte. Weiterhin Sandra Heinze und Franziska Scholl, Tobias Müller und Christian Göppner, Nane Retzlaff, Jörg Dünne, Anne Römpke und Luzia Walsch.

Ich muss mich dafür entschuldigen, dass ich gerade in der Endphase der Arbeit die Bemühungen, die noch nötig waren um die Arbeit korrekt abzuschließen unterschätzt habe. Ich bin froh, dass ich mit dieser Arbeit trotzdem das Verfassen einer Hausarbeit besser verstanden habe.

Ein ganz besonderer Dank gilt auch Frau Dr. Alexandra Scheele, die mir beim Thema der Bachelorarbeit geholfen hat.

„Wir leben in einer Kultur, der man eine „Gier nach Authentischem" nachsagt und die ganze „Authentizitätsindustrien" hervorgebracht hat, die das Privatleben und ehemals unstatthafte Emotionen dank mächtiger Medien als „konsumierbare Objekte zur Schau stellen." (ebd.)